Joel Linares Moreno

AÚN CUELGA LA ROPA SEDIENTA DE VIENTO

Joel Linares Moreno

AÚN CUELGA LA ROPA SEDIENTA DE VIENTO

Antología desordenada del despecho2013-2023

JustFiction Edition

Imprint
Any brand names and product names mentioned in this book are subject to trademark, brand or patent protection and are trademarks or registered trademarks of their respective holders. The use of brand names, product names, common names, trade names, product descriptions etc. even without a particular marking in this work is in no way to be construed to mean that such names may be regarded as unrestricted in respect of trademark and brand protection legislation and could thus be used by anyone.

Cover image: www.ingimage.com

Publisher:
JustFiction! Edition
is a trademark of
Dodo Books Indian Ocean Ltd. and OmniScriptum S.R.L publishing group

120 High Road, East Finchley, London, N2 9ED, United Kingdom
Str. Armeneasca 28/1, office 1, Chisinau MD-2012, Republic of Moldova, Europe
Printed at: see last page
ISBN: 978-620-6-74219-7

AÚN CUELGA LA ROPA SEDIENTA DE VIENTO

Antología desordenada del despecho

2013-2023

Joel Linares Moreno

www.facebook.com/joel.linares

@JoelLinaresMoreno

www.instagram.com/joel.linares.moreno/

Léase bajo su propio riesgo…

DECLARACIONES

F. COVA

CONCLUSIÓN DE MIS CONVERSACIONES CON EL ESPEJO LUEGO DE QUEMAR LA ÚLTIMA CARTA QUE NO LE ENTREGUÉ Y SENTIR QUE NO HAY REMEDIO PARA CURAR ESTA RARA ENFERMEDAD QUE ATENTA CONTRA LA RAZÓN

Aún cuelga la ropa sedienta de viento

F.COVA

De tanto no esperarte

llegas hoy
cargada de mañana y
desvelo

Yo terminé siendo
sombra
noche
nube
oquedad
contando los universos
que caben en tu cadera

Hoy dormiré a tu
intemperie

Me ha volteado el cuerpo
para colgarlo al sol

El día está nublado
quizá el viento seque la
humedad que le pesa

Allí suspendido en la ventana
es bandera de los gatos
estandarte de palomas
insignia de pérdida y sonrisa

Me ha volteado el cuerpo y
cuelga de las pinzas
es el único que tengo

no queda otra
que esperar
desnudo
dentro de ella

PENSAMIENTO

Yo también quiero verte, y reverte
y tocarte y saborearte
y unirte a mí por todos los contactos
Simón Bolívar
Carta a Manuelita
La Magdalena, julio de 1826

Ella desayuna desnuda en el
solar de mi encéfalo
come dendritas con jalea
guarapo de infancia y papelón
sus pies fríos pisan mis
tímpanos
sus pezones ocupan totalmente
mis órbitas
y sus nalgas de hemisferio
pasean
de sien a sien

El que esté libre de pecado
no conoce el amor

Pobre de él

PROSA PARA NADIE

Devolver la vida a la grama
en éste jardín de flores secas
es milagro perdido en el inicio

Salgo a encontrar
las mechas de mi infancia
caminar por tus cejas
minúsculas
hasta el nacimiento de tus ojos
para saciar con tus lágrimas
la sed de mis caballos

GANAS

Somos dos silencios
en las gargantas de aves
amanecidas

¡Ah malhaya ésta incportuna
costumbre
de hacer lo correctc!

NOCTURNAL

Habitas en la piel de esta
oscuridad
en esta noche quebrada
de tormenta
en este sopor de madrugada
en los labios de la llama
anciana que se niega a la
muerte
aferrada al hastío de la tarde

Habitas en la miopía de mis
manos
en cada verso martillado a
fuerza
en el papel
en la sombra que arropa un
sueño
puñal de luciérnagas
latir de aburrimiento

Habitas y eso es lo que importa
en esta
tu penumbra

F. COVA

Una ráfaga se ensortijó en tus pestañas
encrispando el microcosmos que te gravita

Envalentonado
me acerqué conjurar los
efluvios de la cascada
que tras de ti hace germinar la aurora

¿Qué trino de arcoíris rodea tus pasos?

El arrendajo robó la espiga de tus manos

Aspirar beber del cáliz
donde viertes los suspiros
es augurar el cortejo de las golondrinas
amamantar las ganas
en el lado izquierdo del camino

Alevosía es lo que de ti espero
arremete contra mis muros
derriba hasta la última piedra
que no te quede otra salida

que rehacerme desde los
cimientos

Tu voz me despeinó la sombra
yo había atado mis huesos en la
puerta de esta noche
pero tu
empecinada
vuelves a tocarme los acordes
del sudor

Ya en el primer segundo de la
luz
volverá el juicio
mientras
me baño en la indulgencia del
animal
que abreva en los altares de tú
montaña

El calostro hierve

INCONMENSURABLE

A ocho minutos luz
navega el sol por el brazo de
la galaxia
solo nos deja ver el pasado que
ilumina el cielo

El vestigio del Big Bang
zangolotea el vacío
es recuerdo viajero que choca
contra las esquinas del cosmos
solo eco del primer aliento

Entonces vienes
y me ofreces tus manos

Es cuando compruebo
el inmenso egoísmo del universo

Destejo pasos al filo del
resplandor

Escuchan mis pies
un reclamo de grillos
martillando la neblina
todas las calles que me habitan
terminan en tu boca

Amarraron el árbol a la tierra
oigo gritar las hojas
pertinaz la llovizna
percute el cuero de la tierra

El moho viaja pegado a mi
costilla
quiere hacerse ciudadano
a mí me pesa el aire en la
garganta

Regresar a tus pliegues
sin poemas y sin sueño

LUGARES COMUNES

Por si nos toma el vértigo
yo te entrego el ojo de la
tormenta
un relámpago largo que nos
alcance para arroparnos
una lluvia de vidrio para
bañarnos de fe

Por si nos toma el vértigo
toma el café que dejé colando
deja que el fragor del vendaval
acaricie tus manos
que las hojas que danzan en el
viento
te hablen de sus heridas

Por si nos toma el vértigo
dame un sorbo de tu voz
y guárdame las canas en el
bolsillo de tu falda

Golpeado de sonrisa te busco al
mediodía
en su resplandor de tinta
blanca
en las cataplasmas que intentan
sanarme

Por si nos toma el vértigo
encuéntrame en tu miedo
allí duermo

¿De qué están hechos los
caminos?

Cuando la ceniza canta
la chamusca esconde los pétalos
del vendaval
el polvo malogrado se estrella
inflamable contra los huescs
pero un cuerpo vestido en
jirones de alma
lo soporta todo

Hoy
no vienes en la brisa
y me anegas de viernes
de ausencia
de escarabajos

Lloverás

Dejaron versos desperdigados en
el monte
un mantel cubría la fosa
comieron atardeceres
se acostaron sobre sus sombras
bautizaron las constelaciones
de la favela

Babilonia dormía
y era bueno

Deja que esta calle te
transite
que la suela de su lengua te
marque los poros
y como hierro incandescente
deje la cicatriz de su nombre
deja que te alcancen sus
lamentos
que te atraviese su aullido
sus invocaciones
sus velas erguidas contra la
tormenta

Déjale arrancar el suspiro que
guardas
bajo tu sábana de excusas

Me cruza el equinoccio de tus ojos

anuncian el extravío de la brisa
a este trozo de desierto no llegan tus nubes
mis arenas te anhelan
todas mis arañas y alacranes
todas mis espinas
mis serpientes

Deambulan las estrellas
burlan al caminante que me atraviesa
aprieto los labios del pensamiento
me palpitas en la frente
y truena

La nervadura de un beso es el camino del barranco, la caída, la ingravidez del segundo, el espasmo de un cuerpo que cruje contra el suelo, el torrente de sangre viajando al infinito de las células. Un beso es presagio, certeza, ánima que borbotea. Perderme sabana adentro de tu boca, es saber de la muerte, abrazarla con la boca, es encontrarme al otro lado de mis cenizas, intacto.

He tejido una esperanza

Si la noche le clava una estaca
a la noche
el filo del cuchillo cortará la
bruma
y parirá una madrugada de
espejo
donde habitará tu sudor

Un bosque de piedras gravita
las horas
pesa respirar
pesa escupir cualquier vestigio

Atardeces
eres raro momento de última luz
de bienvenida a la bruma
de susurro

Desde la patria de los grillos
cantan tu nombre
calientan la penumbra del
llanto

Encapsulado te busco
como epitafio de la lluvia

Perdida la cordura en la
amazónica galaxia de sus ojos
enredarse en sus cabellos
sería el sueño de sus dedos

EUTANASIA

Tengo un fragmento de tu beso
enterrado en mi costado
lacerando piel y músculo
perforando dos arterias
haciéndose carne en mi carne
célula a célula

Tengo un pedazo de noche
cortando en julianas mis
neuronas
la sombra de tu mano
tras un suspiro lunar

Tengo una esquirla de tu
disparo
en la alforja latente de mi
pecho
y la llama de tu mirada
enquistada en mis pupilas

Aún te espero

Complétame la muerte

MANUS TURBARE

Piénsame con tu vientre
no me trates con decencia
no me des títulos nobles
saliva cuando mis ojos visiten
tu mente
cuando me pasee abrazando tus
vellos erizados
siente los pasos de mi caricia
por tu espalda
como sudor que baja por tu
columna al medio día
deja que mi lengua ausente guíe
tus manos
por el territorio del punto y
círculo de tu ombligo

Mis dedos son los tuyos
déjame
    sentirte
        tocarte
            amarte
con tus propias manos

No me esperes
estoy en la yema de tus dedos

Suenan sobre mi techo
con cadencia de tambores de
costa
las gotas de una nube derretida

Estoy en este recodo de mundo
sin ti
mientras duermes en el vientre
de la ciudad sonámbula
sin mi

Te siento bailar desenfrenada
en cada golpe de la mano del
cielo
al cuero frágil de mi casa

Está madrugada
me huele a ti y a tu humedad

OBJETIVOS ESPECÍFICOS (MÉTODO PARA ALCANZARTE)

1. Cincelar mi voz en tus oídos.
2. Prender fuego al témpano de tu olvido.
3. Quemar mis barcos en tu costa.
4. Pintar mi nombre en la pared de tus sueños.
5. Tatuar nuestras iniciales en un árbol petrificado.
6. Maniatar mi desesperación para parecer sereno.

Si todo lo anterior falla:

Tomar mi avión y estrellarme en un resquicio de tu alma.

¿SOLO DE VISITA?

Pase usted
bienvenida a esta madrugada de pájaros y luna
hace tiempo deseaba verla
vestida de rubor y penumbra
pero no se quede en el umbral de mi alma
pase y siéntese
voy a calentar un guarapito de vida y ganas

Qué bueno poder saludar a esa sonrisa que la acompaña

Disculpe el desorden
no suelo recibir visitas a menudo
aunque si imaginarlas permanentemente

Se me están acabando las palabras
para endulzar su estancia
pero le presento mis manos
ellas siempre han sido más elocuentes
conocen casi de memoria

al archipiélago pecas de su
espalda
esas mismas que contaron mis
ojos
una tarde de escote infartante
se han documentado bien

Solo una cosa le advierto:

Acabo de tragarme la llave de
la puerta

EDICTO

Yo
Mayor de edad y de este
domicilio
instruyo
en ausencia evidente de mis
facultades mentales
(las cuales entregué si uso y
en buenas condiciones)
que los azules de todos los
cielos vistos por mis ojos
miopes
deben ser entregados si
dilación alguna en tus manos
con el fin de que sean bebidos
e incorporados a tu ser

Permítome encargar a mis
albaceas
(dos cocuyos con defectos de
fábrica)
sean transferidos a tu cuenta
los litros de sangre que pasean
por mis capilares

Declaro día de festejo nacional
con izada de la bandera alegre
la fecha y hora de tu caricia

y que en ese sitio se erija un
monumento
al beso permanente

Decreto te sean concedidos
honores de Estado
por cada vello que habita mi
cuerpo
y que cada célula presente o
futura
sea ciudadana de la patria que
lleva tu nombre

Comuníquese y publíquese

POR INSTINTO

Maniatado
     llegué al umbral de tu
puerta

amordazado
     lamí la esquina de tu cama

vendado
     olí el sudor de tus sueños
recientes

y aun sordo
     escuché la última nota de
tus caricias

ya no estabas

                    Aún tus huellas
               están frescas en el
               hollín de esta ciudad

RUEGO

Eres un verso que se resiste a
ser escrito
eres un beso escondido en el
armario de mi olvido
eres aguacero inminente que no
cae
silbido de un ave imaginaria
llanto de un embrión de tres
semanas
augurio de un profeta desvelado

Eres lo que debe pasar y no
pasa
la confesión de un pecado no
consumado
la mosca que espera la araña
una historia que no acontece
una lágrima que fluye por
dentro
una bala con mis iniciales
grabadas
una deuda con la vida

Por favor
¡Sucédeme!

SOLICITUD DE NACIONALIDAD

Yo soy un viajero
camino a la patria de tu
vientre
yo soy nómada y desplazado
desertor de la república
solitaria

Ilegal
fugitivo
invasor del país de una de tus
noches

No tengo visa
y soborno palabreando en tu
frontera

Pretendo construir una choza
en una parcelita de tu
pensamiento
y sembrar en tu fertilidad
una semilla de persistencia
hasta que de tanto arar y regar
hasta que de tanto marcarte con
la trilla de mis manos
algún día me declares tu
ciudadano

ese día izaré tu bandera en mi
conuco
y en cada esquina de tu lar
cantaré a gritos
tu himno en braille
y me someteré sin rebelión
alguna
a la ley marcial de nuestros
instintos

ORACIÓN

Dame un sorbo de tu voz
que mis oídos no mueran de sed

Espanto las
moscas
que pretenden el cadáver
inerte espera
el milagro de tu aliento
tráeme de vuelta
a la paz incandescente del
infierno
que habita en los pétalos de
tus manos

Decreta el fin del invierno de
mis huesos
quema las hojas de mis
evangelios
escribe un Génesis de aguacero
y ahoga los tres clavos de mi
cruz

Conságrame a tu sacerdocio

Santifícame

EPITAFIOS

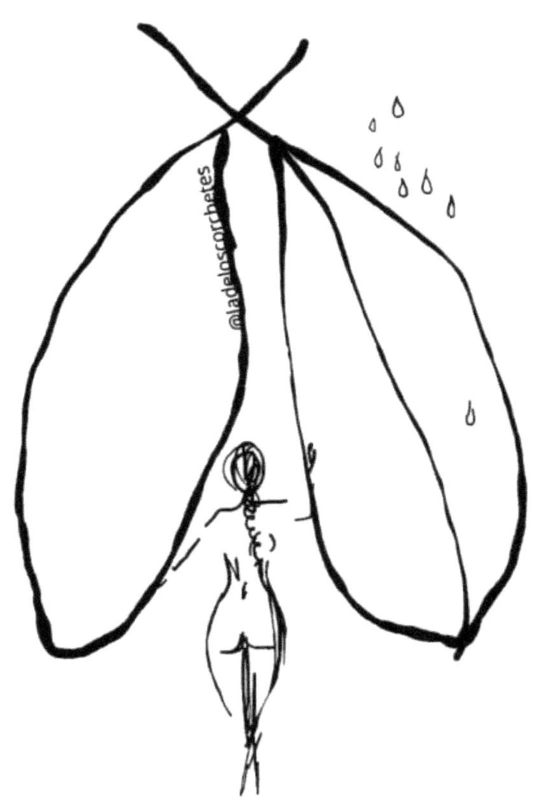

Sus dedos reptan
son llovizna menuda
que recorre los surcos del
suelo
lo dejaron caer
estalló en millones de
pedacitos de vidrio y carne
buscan recomponer en orden
geométrico
cada uno de sus fragmentos
pegarlos con la
saliva del postrer beso
fusionarlos al
agónico grano de
arena
que se aferra a
la pared

Es la una de la madrugada

Se apagó la vela

El sol me cruje en la espalda
sobran muelas para tragar las
rocas
que ruedan por mi garganta

Los ojos
se fueron de paseo
a mirar la dicha que le negaron
a mis piernas
ellas están clavadas en la
arena de viento

Rodeando mi sexo está tu
recuerdo
presagio de la ceniza

Un puñado de lenguas
pasa volando sobre mis despojos
y respiro
y te repito
y no te vas de
esta noche
que martilla las
manos
que llora a
carcajadas
y es la única compañía
en éste laberinto

CONSIDERACIONES SOBRE UN DÉJA VÚ

El cielo pasa volando sobre los pájaros
tasajeando la niebla con el filo del sol

Yo
solo atino
a arrastrar las huellas
amarradas a mi sombra

yo solo atino
a sonreír en ésta tarde de octubre
al ver tu ausencia pesada y blanca
en la esquina de un país
que ya no existe

HISTORIA MÍNIMA DEL MEDIO DÍA

Sobrevuela el sol las
cicatrices, gime la tierra bajo
las uñas.

Enfermos de sal y mentiras, nos
tomamos de la mano y caminamos
en esta calle de cartón piedra,
donde el tiempo se cuece
entre tus piernas.

Hace calor, gotean los árboles
y las chicharras llaman al agua
que se aferra a las nubes,
borbotea el sudor desde las
fumarolas de la piel.

Hace calor, pero vamos
de la mano, no nos miramos,
pero vamos de la mano, los
dedos sangran el silencio, los
pies se suicidan, se derriten
acompasados.

Hace calor, es verano
solo falta una cuadra para la
sombra y tu adiós.

FÓSIL

Me golpea la marea de tus dunas
en pleamar de océano
petrificado

Los esqueletos que ayer nos
saciaron
habitan tu bahía de espectros

Encallado en la orilla del
pasado
soy coral sumergido en tus
rocas
fantasma de cangrejos vacíos
de valvas despojadas
translúcida medusa evaporada
por la cachetada del tiempo
en el medio día de tu olvido

Emerge el cadáver del naufragio
mostrando las costillas del
animal que circundaba tu
ombligo

Asistí al suicidio de la espuma
en éste
el cadalso de mis olas

EPITAFIO

Llueven golondrinas
nubes tibias son
manos que danzan
ocultando el sol
escucho
el escombro de tu voz

Repaso el mármol
tragando el grueso recuerdo
último
que tira del manto de las
piedras

Hago pacto con la hierba
ella me dará tu olor
yo prometo
alimentarla con mi carne

SALTO AL VACÍO

Se agolpan los párpados
al ver tus gritos nocturnos
desecho está el suspiro
que camina por tus pezones

Claudican los dedos
piden tregua las manos
la sal de tus ojos
corroe las mejillas
el cuchillo de mi sombra
abandona la cama

La costra de la hombría
la huida del viento

La única verdad
es la puerta que rechina
que invita a irse
en una estampida de mariposas
verdes
estoy inmóvil
soy rama seca
mi voz está enterrada
en la mugre de mis uñas

Lo justo
sería salir del cuarto
lo justo
sería dejar tu desnudez intacta

@ladeloscorchetes

SABATH

Hoy es sábado por todos lados
aunque el almanaque pegaste a
la nevera
me grite que es miércoles
     sé que es sábado
el sabor a cobre
la soldadura de los párpados
me lo revelan
hay un olor a fin de fiesta
a un tiempo que ningún escriba
martilló
para completar el herraje de la
blasfemia

Un sábado
tomaste un sorbo del bullicio
cinco litros de café
y te desvaneciste
dejando un ancla de polvo
manteca hirviendo
y una piedra en la entrada de
mi sepulcro

Desde entonces
no amaneció más

Camina el péndulo
el murmullo asecha en la
esquina del día
una lágrima se empeña en
perseguirme
trae en el pico
un recado suyo

Ya el frío va perdiendo el filo
no hace falta otro avance de
noticias

Camina el péndulo
se duerme el viento

El 4 de julio de 1054 astrónomos árabes y chinos observaron la emergencia de la nebulosa del cangrejo, ese último grito estelar atravesó el vacío por 6.300 años, para incrustarse en los ojos curiosos que esa noche oteaban el cielo.

Tu voz de relámpago visitó hoy mi memoria.

Todo recuerdo es un cadáver de luz.

Decapitado camina el poema
translúcida cavidad de insecto
pútrido amanecer
sobre el cielo de los gusanos

Arrullar la infancia del
vendaval
corriente arriba de las
lágrimas
es detener las ganas cuando se
oxida el horizonte

Solo puedo pensarte
en esta esquina del cuarto
contemplar el Ande de ropa
sucia
que dibuja la orografía del
baño

Solo se me ocurre
dispararle palabras al aguacero
contar las gotas que resbalan
en la ventana
mi único oficio es cavarle
zanjas al recuerdo
enterrarme en el solar
abonar tu enredadera
extrañarte hasta la miseria

Enterré mis labios
bajo el aguacero que decreta la muerte de los poetas
bajo la sombra que soy
sustancia vertida en el mar de crepúsculos
que te acompaña

El silencio
verso total
me espera paciente entre los bombardeos

Repujada en el cuero de la tierra
está la cicatriz del estallido
en un recodo me escondo
bajo los partes de guerra
sin ti

Al fin la vi
regando el deslave de la carne
allí dormida y vacía
sobre el otoño de las cosas

DÍA DE FIESTA

Me picas la lengua
jengibre y veneno de avispa
me despeinas las hebras escasas
sempiterna ventolera levanta
faldas
arrullas el insomnio del
despecho
clavas tus cristos por toda la
geografía de mis sesos
y te duermes
placida
como muerta
en los jardines de mis ganas

Que detestable
este recuerdo sin pasado
este recuerdo manoseado
este huérfano dejavú de tu
ausencia

Mortecino jolgorio de los
desahuciados de tus caderas
no estoy solo en esta fiesta
sacra
dedicada a tu beso cincelado

¿QUÉ ES UN RECUERDO?

Una sonrisa colgando del
tendedero
unos pies pisando el tonel
haciendo mosto de neuronas
es una canción cincelada en la
sangre
es el aire que me huele a tu
sudor
es un escalofrío que me teje la
columna
hasta su nacimiento

Los ojos blanquecinos del alma
mirando el horizonte de tu
geografía
son estos dos segundos de
angustia
a cada segundo
es mi rodilla izquierda
que tintinea como pulso de
átomo

Un recuerdo es la más dulce
maldición

la grosería más tierna
y el arrullo del kraken para
dormir

Un recuerdo es la terrible
certeza de que no estás

CASTIGO

12:01 p.m.

Tu sonrisa de sol
en el desierto de mis días

Te encontré
Nos miramos
Me perdí

Hoy tomé un trago de mármol
añejo
a ver si te me pasas
     a ver si dejas de dolerme
          a ver si me sano de
     ti

Que vastedad dejaste en mis
días
que fastidiosa alegría
sufro sin ti

Eres la resaca perpetua
que me obliga a vivir borracho
habitas cada mililitro de esta
copa
rebosante de soledad

Las botellas vacías
danzan a mis pies por la mañana
todos los vasos son cuerpos
inertes
bajas de la batalla contra la
sobriedad
     héroes de la nación de mi
embriaguez

monumentos a mis
excesos
mártires de esta
guerra perdida contra
tu recuerdo

Me rindo

CONTRADICCIONES DE LA COSTUMBRE

Eres un chisme de pasillo
un rumor
un "me dijeron que escucharon"
no calificas ni a mal recuerdo

No eres ni siquiera
la destinataria de este verso
maltrecho

Te extraño

EN EL TREN

Uno
dos
tres
contaba distraído
los lunares
que habitan
en perfección asimétrica
tu mejilla rosada de niña
y descuidado
me atrapaste
en mi furtividad
en mi disimulada matemática
infantil
nuestras pupilas bailaron
toda la eternidad de la
centella
una sonrisa germinó en tus
labios llameantes
nuestros dedos se tocaban en la
nada
en la distancia del milímetro
en la luz de la lámpara

¡Maldita sea!
¡Llegaste a tu estación!

TRASNOCHO

Me duelen las piernas del alma
de tanto correr hacia ti

Tengo sed de un lago de tus
lágrimas
tengo hambre de un puñado de
tus risas
tengo la calma del minuto antes
del bombardeo
¿Dónde estás?

Reflejo en mis pupilas agotadas
llovizna madrugadora
de tanto esperarte solo me
quedan dos dedos
recuerdo de cincel en mármol
de cuero repujado en mis
neuronas
ectoplasma
fantasma matutino

Voy a desarmar otra vez el
reloj
para apurar las seis de la
mañana

Hoy me dueles
y me dueles tanto
que te sonrío

Para fundar la noche
bastan tres hebras de cabello
y con ellas zurcir la tela del
cielo
basta que el oeste absorba el
sol detrás del cerro
que las luces de un millón de
años
perforen el horizonte herido
nombren uno a uno tus silencios

Para fundar la noche
basta tu ausencia

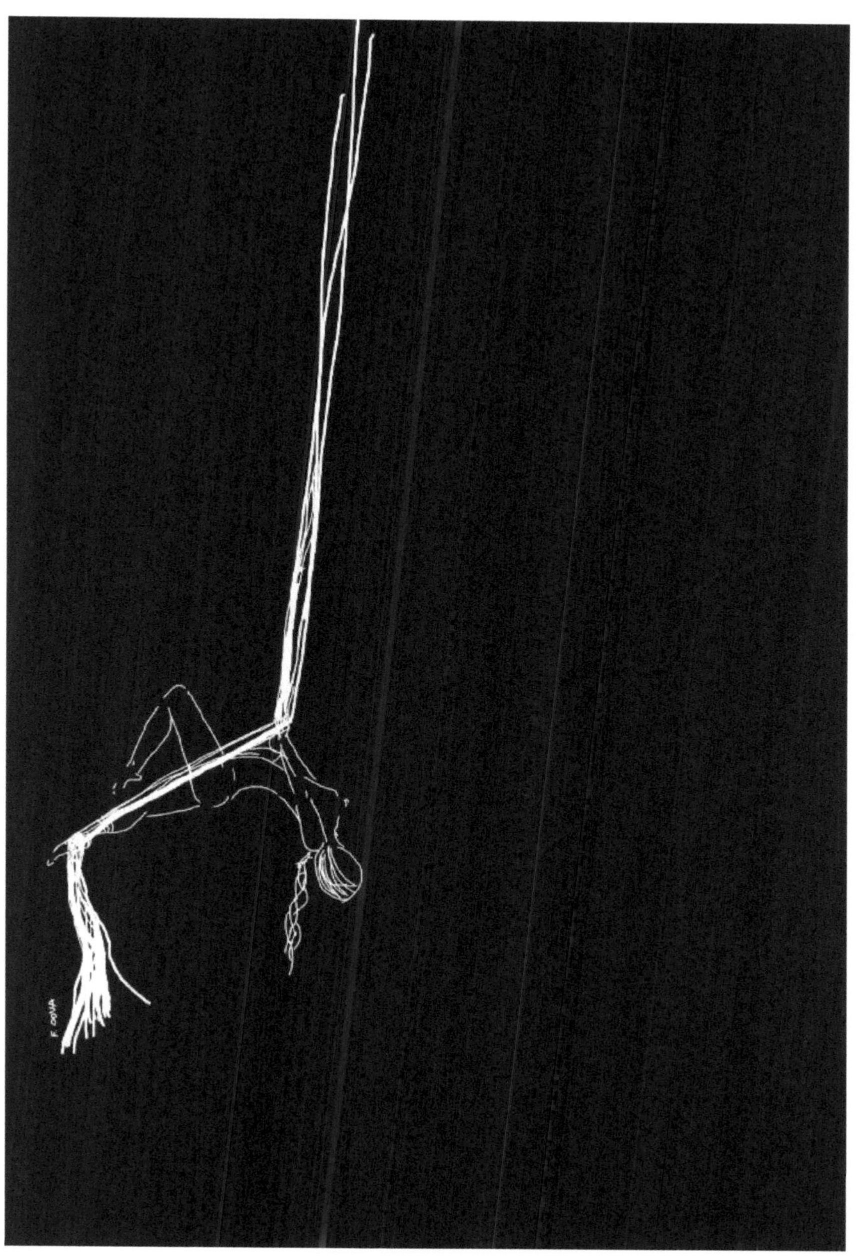

Printed by Books on Demand GmbH, Norderstedt / Germany